Collana di letture graduate per stranieri

diretta da
Maria Antonietta Covino Bisaccia
docente presso l'Università per Stranieri di Perugia

GIOVANNI VERGA

Cavalleria rusticana

Racconto tratto da
VITA DEI CAMPI

a cura di
Maria Antonietta Covino Bisaccia
Maria Rosaria Francomacaro

© Copyright 1998, Guerra Edizioni, Perugia
Proprietà letteraria riservata

ISBN 88-7715-266-4

Disegni di *Simona Pacioselli*

In copertina:
Domenico Induno, *La medaglia* (1860), Milano, Circolo della Stampa.

Indice

Giovanni Verga

GIOVANNI VERGA

Giovanni Verga nasce a Catania il 2 settembre 1840.

Da ragazzo trascorre una vita serena tra Catania e Vizzini, paese di origine dei genitori, dove con la famiglia si reca per le vacanze estive e dove ha la possibilità di conoscere da vicino il mondo contadino, mondo che occuperà un posto importante nella sua opera di scrittore.

Il padre e la madre seguono da vicino gli studi di Giovanni e dei suoi fratelli, ma il suo primo vero maestro è Antonino Abate, un lontano parente che educa Giovanni all'amore per la patria e per la libertà. Infatti, a soli 17 anni Verga scrive il suo primo romanzo, *Amore e patria*, i cui ambienti e situazioni sono quelli dei tempi della rivoluzione americana.

Nel 1858 si iscrive alla facoltà di legge dell'università di Catania. Ma gli studi non gli impediscono di continuare ad occuparsi di letteratura, al punto che proprio in quegli anni viene pubblicato il suo secondo romanzo, *I carbonari della montagna*.

Giovanni Verga ha solo 20 anni quando assiste entusiasta alla spedizione militare di Garibaldi in Sicilia e al processo di unificazione del nuovo Stato italiano. Entra a far parte, insieme ai fratelli, della Guardia Nazionale di Catania e anche quando, nel 1864, lascia il corpo militare, non abbandonerà mai la fede nell'unità della patria.

Libero da ogni impegno militare e abbandonata l'università, si dedica a tempo pieno all'attività giornalistica dirigendo e collaborando a parecchi giornali.

Il successo che ottiene in questi anni lo spinge a lasciare Catania. Verga è alla ricerca di un ambiente culturale più aperto, più stimolante, che gli offra la possibilità di farsi conoscere dal grande pubblico.

Firenze, allora capitale d'Italia, gli sembra la città giusta. Qui stringe una profonda amicizia con lo scrittore Francesco Dall'Ongaro, che gli aprirà le porte dei circoli letterari più importanti della città.

Giovanni Verga rimane a Firenze fino al 1871 ed è di questi anni il romanzo *Storia di una capinera*, pubblicato dall'editore Lampugnani di Milano, che ottiene ampio successo e introduce l'autore negli ambienti letterari milanesi, in cui si respirano gli ideali romantici di tutta l'Europa.

Nel 1872 Giovanni Verga si stabilisce a Milano, dove rimane molti anni e pubblica le sue opere più importanti: *Eva* (1873), *Tigre reale* (1875), *Eros* (1875), il racconto *Nedda,* ambientato in Sicilia e raccolto nel volume *Primavera e altri racconti* del 1876.

La pubblicazione di questi racconti indica che qualcosa sta cambiando nella poetica del Verga. Lo scrittore si avvicina al *verismo*, cioè a quello stile letterario inteso non come una fedele e fredda fotocopia della vita vera, ma come uno sguardo sensibile e partecipe al mondo siciliano, che diventa così lo sfondo di tutte le sue opere successive.

Nel 1880 appare *Vita dei campi*, raccolta di novelle tra cui si distinguono *Cavalleria rusticana, La Lupa, Rosso Malpelo*. Pubblica poi i romanzi *I Malavoglia* (1881) e *Mastro Don Gesualdo* (1889). Questi romanzi avrebbero dovuto far parte di una serie di romanzi dal titolo *I vinti,* destinata a fotografare il vasto panorama della società contemporanea. I protagonisti di queste opere sono gli umili, le vittime di un destino nemico che neppure la loro forte volontà riesce a modificare.

Con queste opere Verga abbandona il modello fiorentino della lingua italiana per una lingua più vicina all'italiano parlato dai personaggi delle sue storie, senza per questo usarne il dialetto.

Quando nel 1893 torna a Catania è ormai famoso e pubblica solo poche opere, ma di minore importanza. Nel 1920 viene nominato senatore, come riconoscimento della sua grandezza d'artista.

Muore due anni dopo, il 27 gennaio 1922, colpito da un attacco di trombosi.

Cavalleria rusticana

Vita dei campi, pubblicata nel 1880, contiene alcuni dei racconti più importanti del Verga scrittore di novelle.

Cavalleria rusticana è tra i racconti che hanno ottenuto maggior successo all'epoca della pubblicazione, e ancora oggi è tra le opere che meglio descrivono la personalità e la poetica dell'autore.

È la storia di Turiddu, che torna dal servizio militare e scopre che la sua fidanzata, Lola, sta per sposare compare Alfio, un carrettiere più ricco di lui.

In questo racconto si incontrano alcuni dei caratteri più comuni ai personaggi verghiani: gli uomini, che in nome dell'onore diventano eroi; le donne che, in secondo piano rispetto agli uomini, finiscono sempre per subire le conseguenze degli avvenimenti; la madre, figura romantica e sentimentale.

Verga scrive questa novella mentre è a Milano. Qui ha l'occasione di conoscere e di stringere amicizia con lo scrittore di teatro Giacosa. Questa amicizia spinge Verga a tentare la strada del teatro.

Infatti, riscrive la storia della *Cavalleria rusticana* per uno spettacolo teatrale che ha luogo il 14 gennaio 1884 con la bravissima attrice Eleonora Duse che interpreta la parte di Santa, una delle protagoniste femminili del racconto. Il successo è grande, anzi enorme, sia di pubblico che di critica.

Ma la fortuna di questa novella si deve anche al libretto d'opera di Giovanni Targioni-Tozzetti e Guido Menasci, con le musiche di Pietro Mascagni: l'opera viene rappresentata per la prima volta nell'aprile 1890 al teatro Costanzi di Roma e il successo è superiore a quello che ci si aspettava. Nell'opera la storia è leggermente diversa, ma non ci sono dubbi sull'origine verghiana.

I grandi guadagni suscitano le proteste del Verga, che pretende la sua parte di diritti d'autore. La causa viene portata in tribunale e Verga ne esce vittorioso ottenendo il pagamento di 143.000 lire.

Questo assicurerà a Verga di vivere tranquillo per il resto della sua vita, senza più preoccupazioni di natura economica.

Oltre al teatro, *Cavalleria rusticana* viene utilizzata per numerose produzioni cinematografiche a partire dall'inizio del secolo. Tra queste ricordiamo quella di C. Gallone del 1953, con musiche tratte dal testo lirico di Mascagni.

Molte delle opere di Verga vengono presto tradotte in molti paesi europei.

D.H. Lawrence, durante il suo soggiorno in Italia nel 1921, ha occasione di leggere Verga in italiano e ne rimane affascinato. Così, nel giro di pochi anni, Lawrence traduce il Mastro Don Gesualdo, alcuni racconti di ambientazione siciliana e infine *Cavalleria rusticana and other stories* (Vita dei campi, New York, 1928).

Silvestro Lega, *Curiosità* (1869), Milano, raccolta Giacomo e Ida Jucker.

Cavalleria rusticana

Legenda:

Il trattino sotto alcune vocali vuole indicare la sillaba su cui cade l'accento tonico che in italiano, di solito, cade sulle penultima sillaba.
In questo testo, di livello intermedio, l'accento tonico, non è stato segnato sotto le forme verbali, fatta eccezione per quelle accompagnate da pronomi e per l'infinito.

Cavalleria rusticana [*]

Turiddu Macca, il figlio della *gnà* Nunzia, non appena tornò dal servizio militare, ogni domenica *si pavoneggiava* in piazza con l'*uniforme* da *bersagliere* e il *berretto* rosso, che sembrava quello che hanno in testa le persone che leggono la fortuna quando, per strada, mettono un tavolo con sopra una *gabbia* con i *canarini*.

pavone

gabbia

Le ragazze se lo rubavano con gli occhi, mentre andavano a messa con il naso nascosto dentro la *mantellina*, e i *monelli* gli *ronzavano* intorno come le *mosche*.

mosca

[*] *Cavalleria* nell'uso moderno, l'insieme delle norme che regolano il comportamento maschile per risolvere una questione d'onore

rusticana che deriva da una tradizione contadina e popolana

Turiddu (voce siciliana) Salvatorillo, diminutivo del nome Salvatore

gnà (voce siciliana, usata per le donne di bassa condizione sociale) signora; deriva dallo spagnolo 'dueña'

pavoneggiarsi mettersi in mostra, come fa il *pavone* (vedi illustrazione)

uniforme qui, il vestito dei soldati

bersagliere soldato di un corpo speciale dell'esercito italiano istituito nel 1836

berretto vedi illustrazione a p. 14

canarino tipo di uccello di colore verde o giallo. Durante le feste di paese era frequente vedere, per strada, qualcuno che "leggeva la fortuna" da un foglio che veniva scelto, tra molti altri, da un canarino tenuto in gabbia

mantellina vedi illustrazione a pag. 17

monello ragazzo vivace

ronzare intorno come una mosca si dice quando una persona sta sempre intorno ad un'altra procurandole fastidio

berretto

nappa

Turiddu aveva portato anche una *pipa* con sopra *inciso* il re a cavallo che pareva vivo, e accendeva i *fiammiferi* sul dietro dei calzoni, sollevando la gamba, come se desse una *pedata*.

fiammifero

pipa

Ma nonostante ciò Lola, la figlia di *massaro* Angelo, non si era fatta vedere né alla messa, né sul *ballatoio* perché si era *fidanzata* con un uomo di *Licodia*, il quale prima faceva il *carrettiere* e aveva quattro *muli* di *Sortino* in stalla.

carrettiere

ballatoio

Non appena Turiddu lo seppe, *santo diavolone*! voleva tirargli fuori le *budella* dalla *pancia*, voleva tirargli, a quell'uomo di Licodia! però non ne fece nulla, e *si sfogò* con

pancia

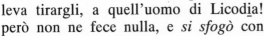

incidere lavorare legno, pietra, marmo, ecc. in modo da formare delle figure
pedata calcio, colpo dato con il piede
massaro (voce dialettale) massaio, chi amministra, cura e gestisce gli affari di una azienda agricola
fidanzarsi prendere l'impegno di sposare una persona
Licodia paese della Sicilia (vedi cartina a p. 16)
mulo animale nato da un cavallo e un asino
Sortino paese della Sicilia (vedi cartina a p. 16)
santo diavolone espressione che indica rabbia, stupore, meraviglia
budella intestino, parte interna del corpo umano
sfogarsi dare libera manifestazione a sentimenti, passioni, stati d'animo

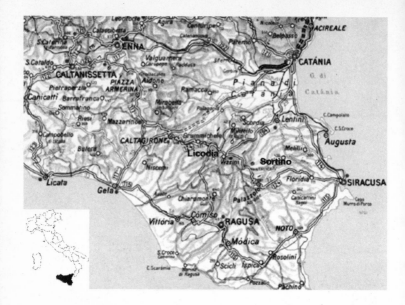

l'andare a cantare tutte le canzoni di *sdegno* che cono-
sceva sotto la finestra della bella.

"Non ha forse nulla da fare Turiddu della gnà Nunzia -
dicevano i vicini - che passa le notti a cantare come un
passero solitario?"

Finalmente Turiddu incontrò Lola che tornava dal
pellegrinaggio alla Madonna del Pericolo, e al vederlo,
non diventò né bianca né rossa come se non fosse stato
affare suo.

"Beato chi *vi* vede!" le disse.

"Oh, *compare* Turiddu, me l'hanno detto che siete tornato il primo del mese."

sdegno sentimento di rabbia, indignazione, dispetto
passero solitario uccello di colore blu-grigio conosciuto per il suo dolcissimo
canto
pellegrinaggio viaggio e visita ad una chiesa o altro luogo religioso
vi voi; "voi" è un'antica forma di cortesia usata invece del Lei; nel Sud
dell'Italia ancora oggi il suo uso è abbastanza comune
compare qui, modo di rivolgersi ad un vecchio amico o a chi si considera tale

"A me hanno detto delle altre cose ancora!" rispose lui. "E' dunque vero che vi sposate con compare <u>A</u>lfio, il carrettiere?"

"Se c'è la volontà di Dio!" rispose Lola tirandosi sul mento le due *cocche* del *fazzoletto*.

fazzoletto

cocche

mantellina

"La volontà di Dio la fate voi con il *tira e molla* come vi conviene! E la volontà di Dio fu che dovevo tornare da tanto lontano per trovare queste belle notizie, gnà Lola!"

Il *poveraccio* tentava di fare ancora il *bravo*, ma la voce gli era diventata *roca*; e lui andava dietro alla ragazza *dondolandosi* con la *nappa* del berretto che gli ballava di qua e di là sulle spalle.

A lei, in coscienza, dispiaceva di vederlo così triste, però non voleva ingannarlo dicendogli delle belle parole.

"Sentite, compare Turiddu - gli disse infine - lasciatemi raggiungere le mie compagne. Che direbbero in paese se mi vedessero con voi?..."

"È giusto; - rispose Turiddu - ora che sposate compare <u>A</u>lfio, che ha quattro muli in stalla, non bisogna farla

---

tira e molla il cambiare continuamente idea, tipico di chi è incerto e non sa prendere una decisione
poveraccio persona che suscita compassione per la situazione difficile o sfortunata in cui si trova
bravo qui, coraggioso, forte
roco non chiaro, poco limpido, rauco, come di chi ha mal di gola
dondolarsi qui, camminare muovendosi di qua e di là
nappa vedi illustrazione a p. 14

chiacchierare la gente. Mia madre invece, poveretta, la dovette vendere la nostra mula *baia*, e quel pezzetto di *vigna* sullo stradone, nel periodo in cui facevo il soldato. Passò *quel tempo che Berta filava*, e voi non ci pensavate più al tempo in cui ci parlavamo dalla finestra sul cortile, e mi regalaste quel fazzoletto, prima di andarmene, in cui Dio sa quante lacrime ho pianto nell'andar via lontano tanto da non sentire più nemmeno il nome del nostro paese. Ora addio, gnà Lola, *facemu cuntu ca chioppi e scampau, e la nostra amicizia finiu*."

La gnà Lola si sposò con il carrettiere; e la domenica si metteva sul ballatoio, con le mani sulla pancia per far vedere tutti i grossi *anelli* d'oro che le aveva regalati suo marito.

anello

Turiddu continuava a passare e ripassare per la stradina, con la pipa in bocca e le mani in tasca, con aria indifferente, e guardando le ragazze; ma dentro di sé stava male al pensiero che il marito di Lola avesse tutto quell'oro e che lei fingesse di non accorgersi di lui quando passava.

"Voglio *fargliela* proprio *sotto gli occhi* a quella *cagnaccia!*" *borbottava*.

---

chiacchierare parlare; qui, parlare male di qualcuno, criticare
baio tipo di cavallo di colore rosso, con la parte bassa delle zampe, la coda e la criniera di colore nero
vigna terreno su cui sono piantate le viti, cioè le piante che producono l'uva
il tempo che Berta filava (modo di dire) un'epoca lontana, bella e felice, in cui le donne aspettavano con pazienza il ritorno dei loro mariti o fidanzati impegnate a filare, cioè a trasformare in filo materiali come la lana, il lino, la seta, ecc.
facemu.... (espressione siciliana) 'supponiamo che è piovuto ed ha smesso e la nostra amicizia è finita'. Espressione usata per porre fine ad una discussione, per dire: basta! non parliamone più!
fare qualcosa sotto gli occhi di qualcuno fare qualcosa in modo aperto e visibile per far arrabbiare qualcuno
cagnaccia espressione spregiativa per indicare una donna dal comportamento immorale; con questa parola Turiddu continua ad esprimere la sua rabbia
borbottare esprimere rabbia o dispiacere per qualcosa parlandone a bassa voce a se stessi

Di fronte alla casa di compare Alfio abitava massaro Cola, il *vignaiuolo*, il quale era ricco come un *maiale,* dicevano, e aveva una figlia che non era sposata.

maiale

Turiddu tanto disse e tanto fece che diventò il *camparo* di massaro Cola, e cominciò a frequentare la sua casa e a dire le paroline dolci alla ragazza.

"Perché non andate a dirle alla gnà Lola queste belle cose?" rispondeva Santa.

"La gnà Lola è una *signorona*! La gnà Lola ha sposato un *re di corona*, ora!"

"Io non me li merito i re di corona."

"Voi ne valete cento delle Lole, e conosco uno che non guarderebbe la gnà Lola, né la sua immagine, quando ci siete voi, perché la gnà Lola, non è degna di portarvi le scarpe, non è degna."

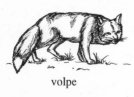

"La *volpe* quando all'*uva* non ci poté arrivare..."

"Disse: come sei bella, *racinedda* mia!"

"Ohé! quelle mani, compare Turiddu."

volpe

uva

"Avete paura che vi mangi?"

"Paura non ho né di voi, né del vostro Dio."

---

vignaiuolo chi possiede una vigna
camparo (voce regionale) campaio, chi per mestiere fa la guardia ai campi
signorona signora molto ricca
re di corona qui, persona importante
racinedda (voce siciliana) uva. Esopo, antico poeta greco, ha scritto una favola in cui la volpe, non potendo raggiungere l'uva che vorrebbe mangiare, perché è troppo in alto, dice che non è ancora matura, cioè non è ancora buona da mangiare. Qui, Santa capisce, e dice a Turiddu che lui, come la volpe, parla male di Lola perché non può averla

"Eh! vostra madre era di Licodia, lo sappiamo! Avete il sangue *rissoso*! Uh! vi mangerei con gli occhi!"

"Mangiatemi pure con gli occhi, perché *briciole* non ne faremo; ma intanto tiratemi su quel *fascio*."

fascio

"Per voi tirerei su tutta la casa, tirerei!"

ceppo

Lei, per non diventare rossa, gli tirò un *ceppo* che aveva *sottomano*, e non lo colpì per miracolo.

"Facciamo presto, che le *chiacchiere* non *affastellano* i *sarmenti*."

"Se fossi ricco, vorrei cercarmi una moglie come voi, gnà Santa."

"Io non sposerò un re di corona come la gnà Lola, ma la mia *dote* ce l'ho anch'io, quando il Signore mi manderà qualcuno."

"Lo sappiamo che siete ricca, lo sappiamo!"

"Se lo sapete allora fate in fretta, perché mio padre sta per venire, e non vorrei farmi trovare nel cortile."

Il padre di Santa cominciava a *torcere il muso*, ma la ragazza fingeva di non accorgersene, poiché la nappa del

---

rissoso si dice di una persona pronta a fare rissa, cioè a discutere in modo violento e acceso. Sia la madre di Santa che Alfio erano di Licodia

briciola piccolissima parte di cibo, specialmente di pane

sottomano vicino, a portata di mano

chiacchiera parola, conversazione su argomenti di poca importanza

affastellare raccogliere, mettere insieme; qui, raccogliere, legare la legna sottile in fasci, in fastelli

sarmento ramo di una pianta come la vite, l'edera o altre piante che crescono attaccandosi ai muri, agli alberi o ad altro

dote l'insieme dei beni che la moglie portava al marito in occasione del matrimonio

torcere il muso esprimere disaccordo per qualcosa. Il muso è, negli animali, la parte del corpo in cui ha sede la bocca

berretto del bersagliere le aveva fatto il *solletico* dentro il cuore, e le ballava sempre dinanzi agli occhi. Quando il padre mise Turiddu fuori dell'uscio, la figlia gli aprì la finestra, e stava a chiacchierare con lui tutta la sera, tanto che tutti i vicini di casa non parlavano d'altro.

"Per te *impazzisco*", diceva Turiddu, "e perdo il sonno e l'*appetito*."

"*Chiacchiere*."

"Vorrei essere il figlio di *Vittorio Emanuele* per sposarti!"

"Chiacchiere."

"*Per la madonna* che ti mangerei come il pane!"

"Chiacchiere!"

"Ah! sul mio onore!"

"Ah mamma mia!"

Lola, che ascoltava ogni sera, nascosta dietro il *vaso* di *basilico*, e diventava pallida e rossa, un giorno chiamò Turiddu.

"E così, compare Turiddu, gli amici vecchi non si salutano più?"

"Ma! - *sospirò* il giovanotto - beato chi può salutarvi!"

---

solletico sensazione che si prova quando la pelle viene toccata leggermente ma di continuo specialmente nelle zone più sensibili
impazzire diventare pazzo
appetito qui, desiderio di mangiare
chiacchiere qui, cose non vere, bugie
Vittorio Emanuele Vittorio Emanuele III di Savoia, re d'Italia (1869 - 1947)
per la madonna qui, espressione che significa: è vero, è proprio vero
basilico pianta molto profumata con foglie verdi che si usano per dare sapore a molti piatti della cucina mediterranea, per es. la pizza, la salsa di pomodoro, e per fare la salsa al pesto
sospirare tirare un sospiro, cioè fare un respiro lento e lungo a causa di dolore, dispiacere o tristezza

"Se avete intenzione di salutarmi, lo sapete dove abito!" rispose Lola.

Turiddu tornò a salutarla così spesso che Santa se ne accorse e gli batté la finestra sul muso. I vicini se lo mostravano con un sorriso, e con un movimento del capo, quando passava il bersagliere.

Il marito di Lola era in giro per le *fiere* con le sue mule.

fiera mercato locale che si svolge periodicamente, per es. una volta alla settimana, una volta al mese, ecc.

"Domenica voglio andare a confessarmi, perché sta-notte ho sognato dell'*uva nera*", disse Lola.

"Lascia stare! Lascia stare!", *supplicava* Turiddu.

"No, ora che s'avvicina la *Pasqua*, mio marito vorrebbe sapere il perché non sono andata a confessarmi."

"Ah!" *mormorava* Santa di massaro Cola, aspettando in ginocchio il suo *turno* dinanzi al *confessionale* dove Lola stava *facendo il bucato* dei suoi peccati. "Sull'anima mia non voglio mandarti a Roma per la *penitenza*!"

Compare Alfio tornò con le sue mule, pieno di soldi, e portò in *regalo* alla moglie un bel vestito nuovo per le prossime feste.

"Avete ragione di portarle dei regali - gli disse la vicina Santa - perché mentre voi siete via vostra moglie vi *adorna* la casa!"

Compare Alfio era uno di quei carrettieri che portano *il berretto sull'orecchio*, e a sen-tir parlare in quel modo di sua

confessionale

moglie cambiò di colore come se l'avessero *accoltellato*.

---

uva nera secondo il libro dei sogni l'uva nera indica sentimenti di colpa
supplicare chiedere con forza come per pregare qualcuno
Pasqua festa cristiana che ricorda la resurrezione di Gesù dalla morte
mormorare parlare a bassa voce
turno qui, volta, il momento per fare qualcosa
fare il bucato qui, lavare la propria coscienza dai peccati, cioè da tutto ciò che la rende sporca
penitenza pena che il prete dà per i peccati commessi. Un tempo, per i peccati molto gravi le persone, per confessarsi, dovevano andare a Roma
regalo cosa, oggetto che si dà o si riceve per una festa (es. regalo di comple-anno, di Natale, ecc.)
adornare rendere più bello; qui è usato in senso ironico
portare il *berretto sull'orecchio*, qui, avere un carattere duro e avere coraggio
accoltellare uccidere o ferire con colpi di coltello

"Santo diavolone! - *esclamò* - se non avete visto bene, non vi lascerò gli occhi per piangere! a voi e a tutti i vostri parenti!"

"Non sono abituata a piangere! - rispose Santa - non ho pianto nemmeno quando ho visto con questi occhi Turiddu della gnà Nunzia entrare di notte in casa di vostra moglie."

"Va bene - rispose compare Alfio - grazie tante."

Turiddu, adesso che era tornato il *gatto*, non passava più di giorno per la stradina in cui abitava Lola, e *smaltiva* la noia all'*osteria*, con gli amici; e la *vigilia* di Pasqua avevano sulla tavola un piatto di *salsiccia*. Quando entrò compare Alfio, soltanto dal modo in cui lo guardò, Turiddu comprese che era venuto per quell'affare e posò la forchetta sul piatto.

salsiccia

"Avete comandi da darmi, compare Alfio?" gli disse.

"Nessuna richiesta, compare Turiddu, era molto tempo che non vi vedevo, e volevo parlarvi di quella cosa che sapete voi."

Turiddu all'inizio gli aveva offerto il bicchiere, ma compare Alfio lo allontanò con la mano. Allora Turiddu si alzò e gli disse: "Sono qui, compare Alfio."

Il carrettiere gli buttò le braccia al collo. "Se domatti-

---

esclamare dire ad alta voce e con forza, energia

gatto qui, il marito di Lola. Un proverbio dice: 'quando il gatto non c'è i topi ballano', cioè i topi si fanno vedere solo quando sono sicuri che il gatto non è presente

smaltire qui, far passare

osteria locale pubblico in cui si beve vino e si mangia

vigilia il giorno che precede una solenne festa religiosa; i cattolici, all'epoca in cui è scritto il racconto, avevano l'obbligo di non mangiare carne in questo giorno. Ma Turiddu non osserva le norme dettate dalla religione. Oggi la religione cattolica consiglia di evitare la carne solo nei venerdì che precedono la Pasqua

na volete venire nei *fichidindia* della *Canziria* potremo parlare di quell'affare, compare."

"Aspettatemi sullo stradone all'alba, e ci andremo insieme."

ficodindia

Con queste parole si diedero il bacio della *sfida*. Turiddu strinse fra i denti l'orecchio del carrettiere, e così gli fece promessa *solenne* di non mancare.

Gli amici avevano lasciato la salsiccia zitti zitti, e accompagnarono Turiddu sino a casa. La gnà Nunzia, poveretta, l'aspettava sino a tardi ogni sera.

"Mamma - le disse Turiddu - vi ricordate, quando sono andato a fare il soldato, che credevate non dovessi tornare più? Datemi un bel bacio come allora, perché domattina andrò lontano."

Prima che facesse giorno Turiddu prese il suo *coltello a molla*, che aveva nascosto sotto il *fieno* quando era andato a fare il servizio militare, e si mise in cammino verso i fichidindia della Canziria.

coltello
a molla

"Oh! *Gesummaria*! dove andate tanto in fretta?" piangeva Lola disperata, mentre suo marito stava per uscire.

"Vado qui vicino - rispose compare Alfio - ma per te sarebbe meglio che io non tornassi più."

---

fichidindia piante grasse con spine che crescono nei paesi a clima caldo
Canziria oggi Canseria, campagna a est di Vizzini
sfida qui, invito a battersi con le armi
solenne qui, molto forte, molto serio
coltello a molla coltello con la lama che si nasconde nel manico dello stesso coltello
fieno erba secca per l'alimentazione di animali come cavalli, asini, conigli
Gesummaria qui, espressione di spavento e preoccupazione

Lola, in camicia, pregava ai piedi del letto e si stringeva sulle labbra il *rosario* che le aveva portato *fra* Bernardino dai *Luoghi Santi*, e recitava quante più *avemarie* poteva.

rosario

"Compare Alfio - cominciò Turiddu dopo che ebbe fatto un pezzo di strada accanto al suo compagno, il quale stava zitto, e con il berretto sugli occhi. - Come è vero *Iddio* so che ho torto e mi lascerei ammazzare. Ma prima di venir qui ho visto mia madre che si era alzata per ve-

fra frate, monaco
Luoghi Santi la Palestina
avemaria preghiera che i cattolici rivolgono alla Madonna
Iddio Dio

27

dermi partire, con la scusa di occuparsi del *pollaio*, quasi il cuore le parlasse, e quant'è vero Iddio vi ammazzerò come un cane per non farla piangere."

"Così va bene - rispose compare Alfio, spogliandosi del *farsetto* - e *picchieremo sodo* tutt'e due."

Entrambi erano bravi *tiratori*; a Turiddu toccò prendere il primo colpo, e fu abbastanza veloce da prenderlo soltanto nel braccio; quando lo rese, lo rese buono, e tirò all'*inguine*.

farsetto

pollaio luogo dove vivono i polli
picchiare sodo colpire una persona ripetutamente e con forza
tiratore la persona che, in genere, tira con le armi
inguine parte del corpo che si trova tra l'addome e la coscia

"Ah! compare Turiddu! avete proprio intenzione di ammazzarmi!"

"Sì, ve l'ho detto; ora che ho visto mia madre nel pollaio, mi pare di averla sempre dinanzi agli occhi."

"Apriteli bene, gli occhi! - gli gridò compare Alfio - che sto per *rendervi la buona misura*".

Poiché compare Alfio stava in guardia tutto piegato per tenersi la mano sinistra sulla *ferita*, che gli faceva male, e quasi *strisciava* per terra con il *gomito*, prese rapidamente una *manata* di polvere e la gettò negli occhi dell'avversario.

gomito

"Ah!" urlò Turiddu *accecato* "sono morto."

Turiddu cercava di salvarsi saltando disperatamente all'indietro; ma compare Alfio lo raggiunse e gli diede un altro colpo nello *stomaco* e un terzo nella gola.

galline

"E tre! questo è per la casa che tu m'hai adornato. Ora tua madre non penserà più alle *galline*."

Turiddu *annaspò* un po' di qua e di là fra i fichidindia e poi cadde come un *masso*. Il sangue gli usciva con violenza dalla gola, e non poté dire nemmeno: "Ah! mamma mia!".

rendere la buona misura qui, fare un'azione in cambio di un'altra già ricevuta
ferita parte del corpo tagliata o danneggiata in altro modo
strisciare muoversi su una superfice come i serpenti, cioè senza usare le gambe
manata ciò che si può tenere in una mano
accecato reso cieco, che no
stomaco parte del corpo tra il petto e la pancia
annaspare muovere le gambe e le braccia in modo confuso come per cercare o afferrare qualcosa che sfugge
masso pietra grande e pesante

Esercizi

1. **Individua, tra i seguenti nomi che compaiono nel testo, i nomi alterati e scrivine a fianco la forma base, come nell'esempio:**

> berretto, canarino, monello, calzone, diavolone, budella, canzone, fazzoletto, poveraccio, poveretta, pezzetto, stradone, anello, stradina, cagnaccia, parolina, signorona, forchetta, coltello, gallina

nome alterato	forma base
mantellina	mantella

2. Scrivi i nomi alterati corrispondenti alle seguenti espressioni:

1. un uomo grande e grosso = ...

2. un paese piccolo e carino = ...

3. un medico che non vale nulla = ...

4. una scarpa grossa e robusta = ...

5. una bocca graziosa = ...

6. una poltrona piccola = ...

7. un palazzo molto brutto = ...

8. un vento leggero e piacevole = ...

9. un vino leggero e piacevole = ...

10. un lavoro facile e breve = ...

11. una via molto stretta e breve = ...

12. una bottiglia molto grande = ...

3. Completa la tabella con il nome dell'animale maschio o di quello femmina, come nell'esempio:

maschile	femminile
cane	**cagna**
leone	
	gallina
	gatta
montone	
	lupa
bue	
	scrofa
cavallo	
	capra
elefante	
	orsa
bufalo	
	pappagallessa
tacchino	
	ape
mulo	

4. Inserisci l'articolo determinativo solo dove è necessario

1. _____ mio papà guarda solo film d'avventura.

2. Non vorrei che ciò accadesse a_____ mia sorellina.

3. Spesso i genitori non capiscono _____ loro stessi figli.

4. Il marito di _____ mia cugina ha avuto un serio incidente d'auto.

5. _____ tua sorellastra ti assomiglia come una goccia d'acqua.

6. _____ mio genero ha speso un capitale per quella villa al mare.

7. Confido i miei segreti solo a_____ mia amica del cuore.

8. _____ suoi bambini sono dei veri monelli!

9. Giovanni e Michele vanno male a scuola e _____ loro padre ha deciso di punirli.

10. Nelle vacanze di Natale andremo a Salerno a trovare _____ nostre zie.

5. Negli spazi vuoti scrivi la forma giusta tra quelle in parentesi

1. (Frate/Fra) _____ Cristoforo è uno dei personaggi principali dei Promessi Sposi di Alessandro Manzoni.

2. Oggi è l'onomastico di Leonardo. Appena entra gli diciamo tutti insieme (buono/buon) "_____ onomastico!".

3. (Santo/San) _____ Benedetto e (Santa/San) _____ Scolastica sono i patroni d'Europa.

4. Sono utili le note a (piede/pie') _____ di pagina?

5. Alla fine del colloquio l'(ingegnere/ingegner) _____ Macaro mi ha stretto la mano e si è complimentato.

6. Se uso il computer per molte ore di seguito mi viene (male/mal) _____ di testa.

7. La conferenza ha suscitato un (tale/tal) _____ interesse che è durata un'ora in più del previsto.

8. Non capisco (quale/qual) _____ è il tuo problema!

9. (Quale/Qual) _____ sport ti piace praticare in inverno?

10. Tutti sanno che lui è veramente un (buono/buon) _____ uomo.

11. Grazie per la (bella/bel) _____ serata. Era proprio un (bello/bel) _____ film.

6. Inserisci le preposizioni mancanti appropriate

La volpe e l'uva

C'era una volta una volpe che, tormentata (1)_____ fame e (2)_____ sete, andava (3)_____ la campagna (4)_____ cerca (5)_____ qualcosa (6)_____ mangiare e (7)_____ bere.

Camminò tanto, ma non trovò né fiumi (8)_____ dissetarsi, né pollai (9)_____ sfamarsi.

Dopo un po', però, passò (10)_____ il tetto (11)____ una casa (12)_____ cui pendevano (13)_____ magnifici grappoli (14)_____ uva. Era, infatti, il mese (15)_____ ottobre, l'aria era calda e l'uva era matura, pronta (16)____ essere raccolta.

Non avendo trovato altro cibo, la volpe pensò (17)___ mangiare quell'uva. Spiccò un gran salto (18)____ prenderne un grappolo, ma non riuscì nemmeno (19)____ toccarla. Provò ancora una volta, e poi un'altra ancora. Inutilmente! L'uva che avrebbe voluto mangiare era troppo (20)____ alto.

Allora la volpe, senza più forze, rimase un po' (21)____ guardare l'uva e poi andò via dicendo: "L'uva non è ancora matura; non voglio mangiarla acerba."

Esopo

7. Completa le definizioni

1. Il vino è _____

2. La vite è _____

3. La vigna è _____

4. Il vigneto è _____

5. Il vignaiuolo è _____

6. La vinaccia è _____

7. La viticoltura è _____

8. Il vinaio è _____

9. La vineria è _____

10. La vendemmia è _____

8. Sostituisci il verbo *fare* con un verbo più appropriato

1. farsi rosso = ...

2. farsi pallido = ...

3. fare in fretta = ...

4. fare il bucato = ...

5. fare un salto = ...

6. fare i compiti = ...

7. fare la cena = ...

8. fare un corso = ...

9. fare un errore = ...

10. fare gli auguri = ...

11. fare un affare = ...

12. fare un contratto = ...

13. fare un esame = ...

14. fare l'avvocato / il medico = ...

9. Spiega il significato delle frasi che seguono:

1. Lola non diventò né bianca né rossa. (pag. 16)

   _____

2. Che direbbero in paese se mi vedessero con voi? (pag. 17)

   _____

3. Non bisogna farla chiacchierare, la gente. (pag. 17-18)

   _____

4. Dire le paroline dolci alla ragazza. (pag. 20)

   _____

5. Vi mangerei con gli occhi. (pag. 21)

   _____

6. Per voi tirerei su tutta la casa. (pag. 21)

   _____

7. La nappa del berretto del bersagliere le aveva fatto il solletico dentro al cuore. (pag. 21-22)

   _____

8. I vicini se lo mostravano con un sorriso e con un movimento del capo. (pag. 23)

   _____

9. Compare Alfio, a sentir parlare in quel modo di sua moglie, cambiò di colore. (pag. 24)

   _____

10. Per te sarebbe meglio che io non tornassi più. (pag. 26)

    _____

10. Volgi al passivo

1. Lola ha tradito compare Alfio con Turiddu.

2. Turiddu corteggia Santa per ingelosire Lola.

3. Compare Alfio portò in regalo alla moglie un bel vestito nuovo.

4. Il padre mise Turiddu fuori dell'uscio, ma la figlia gli aprì la finestra.

5. Mi ha costretto lui a rubare quei soldi!

6. Chi ha aperto il portone?

7. Quale medico ti visiterà?

8. Il dolce? L'ha mangiato Pierino.

9. Giovanni avrà letto l'avviso dello sciopero?

10. Sarei arrivata prima se non mi avessero trattenuto in ufficio tanto a lungo.

11. Riscrivi le frasi seguenti in forma indiretta:

1. "E' dunque vero che vi sposate con compare Alfio, il carrettiere?" disse Turiddu.

   _____

   _____

2. Lei disse infine: "Compare Turiddu lasciatemi raggiungere le mie compagne."

   _____

   _____

3. "Perché non andate a dirle alla gnà Lola queste belle cose?" rispondeva Santa.

   _____

   _____

4. "Vi mangerei con gli occhi" disse Turiddu a Santa.

   _____

   _____

5. "Se lo sapete allora fate in fretta, perché mio padre sta per venire, e non vorrei farmi trovare nel cortile" rispose Santa.

   _____

   _____

6. "Vorrei essere il figlio di Vittorio Emanuele per sposarti" le disse.

   _____

   _____

7. "Se avete intenzione di salutarmi, lo sapete dove abito" rispose Lola.

_____

_____

8. "Lascia stare, lascia stare" supplicava Turiddu.

_____

_____

9. Turiddu disse a compare Alfio: "Aspettatemi sullo stradone all'alba, e ci andremo insieme"

_____

_____

10. "Vado qui vicino - rispose compare Alfio - ma per te sarebbe meglio che io non tornassi più"

_____

_____

12. Rileggi il testo, trova tutte le frasi di tono ironico e spiegane il significato

1. _____

2. _____

3. _____

4. _____

5. _____

6. _____

7. _____

8. _____

9. _____

10. _____

13. Riassunto

Scrivi un riassunto di questa storia (max 200 parole)

_____

_____

_____

_____

_____

_____

_____

_____

_____

_____

_____

_____

_____

_____

_____

_____

_____

14. Prova a...

...descrivere dal punto di vista fisico e caratteriale i quattro personaggi principali della storia (Turiddu, Lola, Alfio, Santa)

_____

_____

_____

_____

_____

_____

_____

_____

_____

_____

_____

_____

_____

_____

15. Prova a...

...*immaginare di essere compare Alfio. Lola ti tradisce con Turiddu.*

Scrivi cosa faresti.

_____

_____

_____

_____

_____

_____

_____

_____

_____

_____

_____

_____

_____

_____

16. Parliamone insieme

- Sembra che Lola abbia sposato Alfio per il suo denaro e non perché ne fosse veramente innamorata. Cosa ne pensi? Si verificano "matrimoni d'interesse" nel tuo Paese?
- Esiste nel tuo Paese il "delitto d'onore"? E' mai esistito?
- Come è organizzato il servizio militare nel tuo Paese? e quello civile?
- Vorresti che anche le donne prestassero il servizio militare?

Chiavi

Esercizio 1

diavolone - diavolo; poveraccio - povero; poveretta - povera;
pezzetto - pezzo; stradone e stradina - strada; cagnaccia - cagna;
parolina - parola; signorona - signora.

Esercizio 2

1. un omone/un omaccione 2. un paesino 3. un medicastro 4.
uno scarpone 5. una boccuccia 6. una poltroncina 7. un palaz-
zaccio 8. un venticello 9. un vinello 10. un lavoretto 11. una
viuzza 12. un bottiglione.

Esercizio 3

Leonessa; gallo; gatto; pecora; lupo; vacca/mucca; maiale/porco;
cavalla; capro; elefantessa; orso; bufala; pappagallo; tacchina;
fuco; mula.

Esercizio 4

1. Il 2. alla 3. i 4. l'articolo non si mette 5. La 6. l'articolo
non si mette 7. alla 8. I 9. il 10. le.

Esercizio 5

1. Fra 2. buon 3. San, Santa 4. pie' 5. ingegner 6. mal 7.
tale 8. qual 9. Quale 10. buon 11. bella, bel.

Esercizio 6

(1) dalla; (2) dalla; (3) per; (4) in; (5) di; (6) da; (7) da; (8) per;
(9) per; (10) sotto; (11) di; (12) da; (13) dei (14) di/d'; (15) di/d';
(16) per; (17) di; (18) per; (19) a; (20) in; (21) a.

Esercizio 7

Non c'è chiave perché le risposte sono libere.

Esercizio 8

1. diventare rosso / arrossire 2. diventare pallido / impallidire 3.
affrettarsi 4. lavare i panni/la biancheria 5. spiccare un salto /
saltare 6. eseguire i compiti 7. preparare la cena/cenare 8. frequentare / seguire un corso 9. commettere un errore / sbagliare
10. porgere gli auguri / augurare qualcosa 11. concludere un affare 12. stipulare un contratto 13. sostenere / dare un esame 14.
esercitare la professione di avvocato/del medico.

Esercizio 9

1. Lola rimase indifferente, non provò alcuna emozione, né di ver-
   gogna né di imbarazzo.

2. Lola si preoccupa dei pettegolezzi che la gente potrebbe fare se

la vedessero parlare con un altro uomo che non sia Alfio, il promesso sposo.

3. Si deve fare in modo che la gente non faccia pettegolezzi.

4. Fare la corte alla ragazza.

5. Turiddu è così desideroso della ragazza che la mangerebbe anche solo guardandola.

6. Turiddu farebbe qualsiasi cosa, anche molto difficile come sollevare una casa, per compiacere Santa.

7. Le parole di Turiddu avevano toccato il cuore della ragazza, che si stava dunque innamorando di lui.

8. I vicini di casa mostravano di sapere cosa succedeva tra Turiddu e Lola scambiandosi dei sorrisi e dei movimenti col capo, senza alcuna parola.

9. Compare Alfio diventò nero per la rabbia.

10. Compare Alfio sa del tradimento della moglie per cui, dopo aver punito Turiddu con la morte, punirebbe anche la moglie in qualche maniera.

Esercizio 10

1. Compare Alfio è stato tradito da Lola con Turiddu.

2. Santa è corteggiata da Turiddu per ingelosire Lola.

3. Alla moglie è stato portato in regalo da compare Alfio un bel vestito nuovo.

4. Turiddu fu messo fuori dell'uscio dal padre, ma gli fu aperta la finestra dalla figlia.

5. Sono stato costretto da lui a rubare quei soldi.

6. Da chi è stato aperto il portone?

7. Da quale medico sarai visitato?

8. Il dolce? E' stato mangiato da Pierino.

9. Sarà stato letto da Giovanni l'avviso dello sciopero?

10. Sarei arrivata prima se non fossi stata trattenuta in ufficio tanto a lungo.

Esercizio 11

1. Turiddu chiese se era vero che si sposava/che si sarebbe sposata con compare Alfio il carrettiere.

2. Infine lei disse a compare Turiddu di lasciarla/che la lasciasse raggiungere le sue compagne.

3. Santa chiedeva perché non andasse a dirle alla gnà Lola quelle belle cose.

4. Turiddu disse a Santa che l'avrebbe mangiata con gli occhi.

5. Santa rispose che se lo sapeva allora doveva fare in fretta, perché suo padre stava per venire, e non avrebbe voluto farsi trovare nel cortile.

6. Le disse che avrebbe voluto essere il figlio di Vittorio Emanuele per sposarla.

7. Lola rispose che se aveva intenzione di salutarla, lo sapeva dove abitava.

8. Turiddu supplicava di lasciar/che lasciasse stare.

9. Turiddu disse a compare Alfio di aspettarlo/che lo aspettasse sullo stradone all'alba, così ci sarebbero andati insieme.

10. Compare Alfio rispose che andava lì vicino, ma per lei sarebbe stato meglio che lui non fosse tornato più.

Esercizio 12

Le risposte possono essere varie. Qui se ne riportano alcune:
1. Dovevo tornare da tanto lontano per trovare queste belle notizie. p. 17

2. Beato chi vi vede! p. 16

3. Ora che sposate compare Alfio non bisogna farla chiacchierare la gente. pp. 17-18

4. La gnà Lola è una signorona. p. 20

5. E così, compare Turiddu, gli amici vecchi non si salutano più? p. 22

6. Avete ragione di portarle dei regali. p. 24

7. Ora tua madre non penserà più alle galline. p. 29

Esercizio 13
Non c'è chiave perché le risposte sono libere.

Esercizio 14
Non c'è chiave perché le risposte sono libere.

Esercizio 15
Non c'è chiave perché le risposte sono libere.

Esercizio 16
Non c'è chiave perché le risposte sono libere.

Finito di stampare
nel mese di marzo 1999
da Guerra guru srl - Perugia